4단계

치치·밍밍과 함께하는

# 중국어 배우기

跟启启・明明一起学汉语

**동화로 배우는 중국어**

계명대학교공자아카데미
계명대학교 출판부

# 어리말

어린이 여러분,

신나고 즐거운 중국어의 세계로 오신 걸 환영합니다.

여러분은 중국이 어떤 나라인지는 잘 알고 있나요? 중국은 세계에서 3번째로 땅이 넓은 나라이며, 13억의 인구가 살고 있는 나라입니다. 아주 큰 나라이지요. 이렇게 많은 사람들이 쓰는 언어를 이제 우리 어린이 여러분들도 배워 볼 거예요. 어린이 여러분이 주인공인 21세기는 영어는 물론 중국어도 말할 줄 알아야 하는 시대입니다. 중국이 세계의 강국으로 떠오르기 때문이지요. 중국이라는 나라를 잘 알려면, 먼저 그 나라 말을 할 줄 알아야 해요. 중국어는 중국이라는 나라를 잘 알기 위한 하나의 방법입니다.

중국어는 어려운 언어가 아닙니다. 한자 또한 어려운 글자가 아닙니다. 중국어와 한자가 재미있고 쉽다는 것을 이 책을 통해서 알게 될 것입니다. 하나하나 천천히 우리의 주인공 启启와 明明이를 따라 함께 중국어를 배워 볼 거예요.

부모님들께

UN에서 지정한 공식 언어 가운데 하나인 중국어.

13억 인구가 사용하고 있는 중국어. 중국어는 중국과 대만 이외에도 동남아 전 지역에 걸쳐 통용되는 최다 사용언어입니다. 이제 21세기는 중국어의 필요성이 절대적입니다.

이미 중국어의 열풍은 식지 않고 치솟고 있습니다. 2008년 북경 올림픽의 성공적인 개최로 그 열기는 더욱 강하게 일어나고 있습니다.

이제 중국을 말하지 않고서는 세계의 정치, 경제, 문화를 말할 수 없다 해도 과언이 아닙니다.

또한 한국의 각 대학에서도 중국어의 중요성을 더욱 부각시키고 있는 실정입니다.

여기에 발맞추어 어린이들이 중국어를 공부하는 것은 당연한 것입니다.

본 교재는 중국어를 전공하신 선생님들이 어린이들의 학습 동기를 이끌어 내고, 중국어를 어렵지 않고 재미있게 배울 수 있도록 심사숙고하여 만들었습니다.

본 교재를 통해 어린이들이 21세기를 한 발 앞서 준비하고, 진정한 21세기의 주인공의 역할을 할 것이라 기대하는 바입니다.

저자 일동

# 목 차

# 구성 안내

**学生词 (단어를 공부해요)**

그림과 함께 그 단어에 해당하는 한자와 한어병음, 그리고 뜻을 배워 봅니다.

**플래쉬 카드 그림**

플래쉬 카드를 통해서 꼭 다시 한 번 단어를 복습하세요.

**课文 (본문)**

동화이야기를 통해 중국어 문장을 들어 봅니다.

**替换练习 (문장 연습해요)**

각 과의 주요 문형을 단어를 교체하면서 말하기 연습을 해 봅니다.

听和说 (듣고 말해요)

중국어 단어의 한어병음을 듣고,
발음 연습을 해 봅니다.

写汉字 (한자를 써 봐요)

중국어 간체자 한자 쓰기를 해봅니다.

看图 (그림을 보고 찾아봐요)

본문의 내용을 확인하여 본문의 내용과 일치하는
그림을 찾아봅니다. 또 두 그림 중 틀린 3곳을
찾아봅니다.

# 내용소개

치치 밍밍과 함께 동화를 들으며
조금 더 길어진 중국어 문장을 듣고 말해봅니다.

익숙한 동화이야기를 통해
좀 더 쉽게 중국어를 배워봐요~

1과 乌龟和兔子赛跑 토끼와 거북이

2과 蚂蚁和纺织娘 개미와 베짱이

3과 青蛙的故事 청개구리 이야기

4과 金斧子和银斧子的故事 금도끼 은도끼

5과 太阳和月亮 해님과 달님이 된 오누이

6과 狼和放羊少年 늑대와 양치기 소년

7과 三只小猪盖房子 아기돼지 삼형제

8과 仙女和樵夫 선녀와 나무꾼

# 치치·밍밍과 함께하는
# 중국어 배우기

Track 01

# 1과 乌龟和兔子赛跑

## 토끼와 거북이

# 学生词

Track 02

乌龟 wūguī

거북이

兔子 tùzi

토끼

慢 màn

느리다

快 kuài

빠르다

跑 pǎo

달리다

# 단어를 공부해요

睡觉 shuìjiào
잠자다

出发 chūfā
출발하다

小心 xiǎoxīn
조심하다

到 dào
도착하다

赢 yíng
이기다

# 课文 1

Track 03

옛날에 토끼와 거북이가 살았어요.
어느 날 거북이가 나무그늘아래 쉬고 있는 토끼 앞을 느릿느릿 지나가고 있었어요.

兔子: 乌龟, 你去哪儿?
Tùzi: Wūguī, Nǐ qù nǎr?

乌龟: 我回家。
Wūguī: Wǒ huíjā。

토끼: 거북아, 너 어디 가니?

거북이: 집에 가.

Track 04

토끼는 걸음이 너무나 느린 거북이가 우습게 보였어요.
그래서 거북이를 놀려주고 싶었어요.

兔子: 乌龟, 你怎么这么慢! 什么时候能到家呢?
Tùzi: Wūguī, nǐ zěnme zhème màn! Shénme shíhòu néng dào jiā ne?

乌龟: 慢慢地走也能到家。
Wūguī: Mànman de zǒu yě néng dào jiā。

兔子: 哈哈哈。 乌龟, 我们来比赛好不好?
Tùzi: Hāhaha。 Wūguī, wǒmen lái bǐsài hǎo bu hǎo?

乌龟: 可以啊!
Wūguī: Kěyi a!

兔子: 从这儿开始。 一、 二、 三, 出发!
Tùzi: Cóng zhèr kāishǐ。 Yī、 èr、 sān, chūfā!

토끼: 거북아, 너 그렇게 느려서 언제 집에 도착하겠니?
거북이: 천천히 걸어도 도착할 수 있어.
토끼: 하하하. 그럼 너 나랑 달리기 시합할래?
거북이: 좋아!
토끼: 여기서 시작하자. 하나, 둘, 셋, 출발!

## 课文 3

Track 05

토끼와 거북이의 달리기 시합이 시작되었어요.
토끼는 당연히 자신이 이길거라고 생각하고, 거북이 앞을 여유롭게 앞지르며 말했어요.

兔子: 乌龟! 你看, 我比你快。 你快一点儿吧!
Tùzi: Wūguī! Nǐkàn, wǒ bǐ nǐ kuài。 Nǐ kuài yìdiǎnr ba!

乌龟: 你别管我, 你先去吧。
Wūguī: Nǐ bié guǎn wǒ, nǐ xiān qù ba。

兔子: 哈哈哈! 那, 我先去那边休息休息吧。
Tùzi: Hāhaha! Nà, wǒ xiān qù nàbian xiūxi xiūxi ba。

乌龟: 你别担心!
Wūguī: Nǐ bié dānxīn!

토끼: 거북아! 내가 너보다 빨라. 빨리 와!
거북이: 나 신경 쓰지 말고, 너 먼저가.
토끼: 하하하! 그럼, 내가 먼저 가서 좀 쉬고 있을게.
거북이: 걱정 마!

Track 06

토끼가 한 숨 푹 자고 일어났어요.

兔子: 睡得很好, 它还没来吗? 它在哪儿啊? 乌龟 ~ 你在哪儿?
Tùzi: Shuì de hěn hǎo, tā hái méi lái ma? Tā zài nǎr a? Wūguī~ nǐ zài nǎr?

哦 ~ 那儿, 那是乌龟吗?
ō~ nàr, nà shì wūguī ma?

乌龟: 兔子~, 我在这儿, 你睡觉的时候, 我已经到了。
Wūguī: Tùzi~, wǒ zài zhèr, nǐ shuìjiào de shíhou, wǒ yǐjīng dào le。

你快跑过来啊!
Nǐ kuài pǎo guòlái a!

兔子: 咳 ~ , 怎么办? 乌龟已经到了。我一不小心睡着了。
Tùzi: Hài~, zěnmebàn? Wūguī yǐjīng dào le。 Wǒ yí bù xiǎoxīn shuì zháo le。

它赢了。
Tā yíng le。

토끼는 자신의 자만심을 뉘우쳤답니다.

토끼: 잘 잤다. 거북이는 아직 오지 않았나?
거북이는 어디 갔지? 거북아~~ 너 어디 있니?
어~~ 저기, 저기 거북이가?

거북이: 토끼야~ 나 여기 있어. 네가 잠자는 동안에 난 벌써 도착했어. 빨리 뛰어와~

토끼: 아이쿠~ 어떡해. 거북이가 벌써 도착했어.
내가 방심해서 잠들었는데, 거북이가 이겼어.

## 替换练习 문장 연습해요

Track 07

### 1

| | | | | |
|---|---|---|---|---|
| 兔子<br>Tùzi | 睡<br>shuì | | | 好。<br>hǎo。 |
| 乌龟<br>Wūguī | 跑<br>pǎo | 得<br>de | 很<br>hěn | 慢。<br>màn。 |
| 老师<br>Lǎoshī | 说<br>shuō | | | 快。<br>kuài。 |

### 2

| | | | |
|---|---|---|---|
| 启启<br>Qǐqi | | 学<br>xué | 游泳。<br>yóuyǒng。 |
| 明明<br>Míngming | 一定 要<br>yídìng yào | 吃<br>chī | 西瓜。<br>xīguā。 |
| 我们<br>Wǒmen | | 去<br>qù | 海边。<br>hǎibiān。 |

# 听和说 듣고 말해요

Track 08

1 kāishǐ

2 huíjiā

3 xiūxi

Track 09

# 跑

pǎo

달리다

| 跑 | 跑 | 跑 | 跑 | 跑 |
|---|---|---|---|---|
| pǎo | | | | |

| 跑 | 跑 | 跑 | 跑 | 跑 | 跑 | 跑 |
|---|---|---|---|---|---|---|
| | | | | | | |

## 看图 그림을 보고 찾아봐요

Track 10

**1** 본문내용과 일치하는 그림에 동그라미 하세요.

**2** 두 개의 그림 가운데 다른 3곳을 찾아 동그라미 하세요.

치치·밍밍과 함께하는

# 중국어 배우기

Track 11

# 2과 蚂蚁和纺织娘
## 개미와 베짱이

# 学生词

Track 12

蚂蚁 mǎyǐ

개미

纺织娘 fǎngzhīniáng

베짱이

准备 zhǔnbèi

준비하다

进 jìn

들어오다

休息 xiūxi

휴식하다

## 단어를 공부해요

马上 mǎshàng
바로, 즉시

冷 lěng
춥다

热 rè
덥다

羡慕 xiànmù
부러워하다

暖和 nuǎnhuo
따뜻하다

# 课文 1

Track 13

어느 무더운 여름날 개미들은 겨울을 나기 위해 열심히 먹이를 나르고 있었어요.

蚂蚁: 嗨哟! 嗨哟!
Mǎyǐ: Hāiyō! Hāiyō!

纺织娘: 你们在做什么呢?
Fǎngzhīniáng: Nǐmen zài zuò shénme ne?

蚂蚁: 我们在为冬天做准备。
Mǎyǐ: Wǒmen zài wèi dōngtiān zuò zhǔnbèi。

개미들: 영차!영차!
베짱이: 너희 뭐하는 거니?
개미: 겨울 날 준비를 하고 있어.

# 课文 2

Track 14

매일 노래만 하는 베짱이는 열심히 일하는 개미들을 이해할 수 없었어요.

纺织娘: 这么热的天你们不要劳动了，好好休息吧！
Fǎngzhīniáng: Zhème rè de tiān nǐmen búyào láodòng le, hǎohāo xiūxi ba!

蚂蚁: 不行！冬天马上就来了。
Mǎyǐ: Bùxíng! Dōngtiān mǎshàng jiù lái le.

纺织娘: 离冬天还远呢，我还是唱歌吧。
Fǎngzhīniáng: Lí dōngtiān hái yuǎn ne, wǒ háishi chànggē ba.

베짱이: 이렇게 더운데 일만 하지 말고 쉬렴!
개미: 안 돼! 곧 겨울이 올 거란 말이야.

베짱이: 겨울이 오려면 멀었어,
나는 노래나 불러야지.

# 课文 3

Track 15

어느덧 추운 겨울이 되자, 흰 눈이 가득한 세상에 베짱이가 쉴 만한 곳은 없었어요.

纺织娘: 唉，太冷了，又冷又饿，没地方去。
Fǎngzhīniáng: Ài, tài lěng le, yòu lěng yòu è, méi dìfang qù。

초라해진 베짱이는 문득 열심히 일하던 개미가 생각났어요.
(똑똑똑)

蚂蚁: 这么冷的冬天谁找我？ 是谁？
Mǎyǐ: Zhème lěng de dōngtiān shéi zhǎo wǒ? Shì shéi?

纺织娘: 你好，小朋友，我又冷又饿，可没地方去。
Fǎngzhīniáng: Nǐhǎo, xiǎopéngyou, wǒ yòu lěng yòu è, kě méi dìfang qù。

蚂蚁: 是吗？快进来吧。
Mǎyǐ: Shìma? Kuài jìnlai ba。

베짱이: 아이 추워, 춥고 배고픈데 갈 곳이 없네.
개미: 이렇게 추운 겨울날 누가 날 찾아왔을까? 누구세요?
베짱이: 안녕 개미야, 너무 춥고 배고픈데 갈 곳이 없어.
개미: 그래? 어서 들어와.

## 课文 4

Track 16

마음씨 착한 개미는 맛있는 빵과 따뜻한 스프를 베짱이에게 주었어요.

纺织娘: 你有好吃的东西和暖和的家, 我很羡慕。
Fǎngzhīniáng: Nǐ yǒu hǎochī de dōngxi hé nuǎnhuo de jiā, wǒ hěn xiànmù。

蚂蚁: 你唱歌的时候我们在努力劳动。
Mǎyǐ: Nǐ chànggē de shíhòu wǒmen zài nǔlì láodòng。

明年你也跟我们一起努力劳动吧!
Míngnián nǐ yě gēn wǒmen yìqǐ nǔlì láodòng ba!

그 후 개미와 베짱이는 함께 일을 하며 행복하게 살았답니다.

베짱이: 너는 맛있는 음식과 따뜻한 집이 있구나.
너무 부러워.

개미: 니가 노래 부를 때 우리는 열심히 일했어.
내년에는 너도 우리와 함께 열심히 일하자!

## 替换练习 문장 연습해요

Track 17

1

准备 zhǔnbèi

| | |
|---|---|
| 过 guò | 冬天。 dōngtiān。 |
| 去 qù | 学校。 xuéxiào。 |
| 吃 chī | 饭。 fàn。 |

2

我 wǒ　跟 gēn

你们 nǐmen

朋友们 péngyoumen

孩子们 háizimen

## 听和说 듣고 말해요

Track 18

### 1 dìfang

### 2 méiyǒu

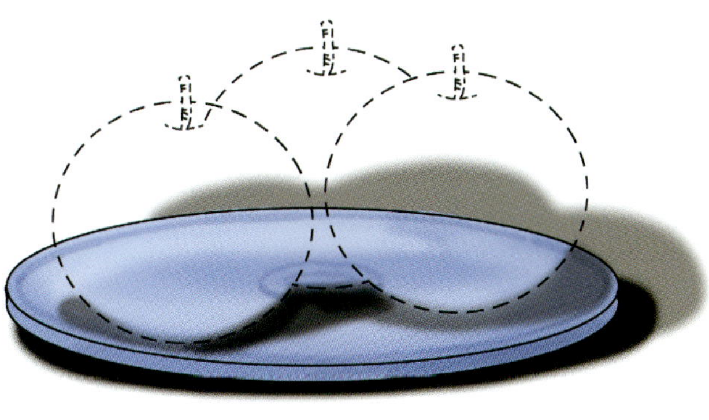

### 3 péngyou

Track 19

# 在

zài

| 在 | 在 | 在 | 在 | 在 |
|---|---|---|---|---|
| zài | | | | |

마침 ~하고 있다. 一 ナ 𠂇 冇 存 在

| 在 | | | | | | |
|---|---|---|---|---|---|---|
| | | | | | | |

## 看图 그림을 보고 찾아봐요

Track 20

1 본문내용과 일치하는 그림에 동그라미 하세요.

2 두 개의 그림 가운데 다른 3곳을 찾아서 동그라미 하세요.

# 치치·밍밍과 함께하는
# 중국어 배우기

Track 21

# 3과 青蛙的故事
## 청개구리 이야기

# 学生词

Track 22

青蛙 qīngwā

청개구리

淘气 táoqì

반대로 하다, 말을 듣지 않는다

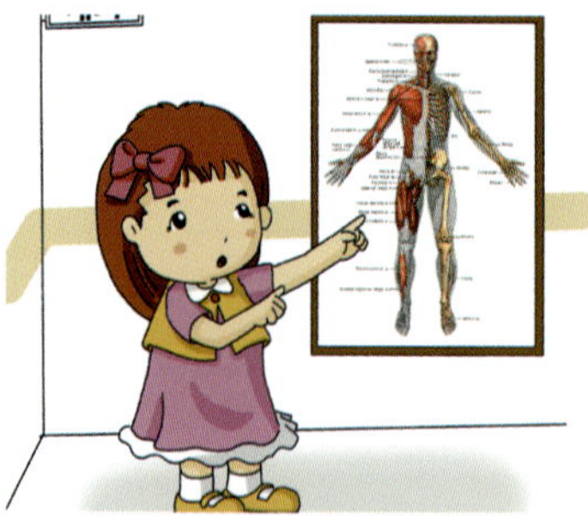

身体 shēntǐ

몸, 신체

不舒服 bù shūfu

불편하다

快要 kuàiyào

곧, 머지않아

埋 mái

묻다, 덮다

大

하늘 천

错 cuò

틀리다

一定 yídìng

반드시

河 hé

강

原谅 yuánliàng

용서하다

# 课文 1

Track 23

어느 개구리 마을에 엄마 청개구리와 아기청개구리가 있었어요.
아기 청개구리는 엄마 말을 잘 듣지 않는 개구쟁이였어요.

青蛙妈妈: 儿子, 今天看家吧。
Qīngwāmāma: Érzi, jīntiān kānjiā ba。

小青蛙: 不要不要! 我要去外面玩儿。
Xiǎoqīngwā: Búyào búyào! Wǒ yào qù wàimian wánr。

青蛙妈妈: 山上有很多蛇, 去河边玩儿吧。
Qīngwāmāma: Shān shang yǒu hěn duō shé, qù hé biān wánr ba。

小青蛙: 不要不要! 我要去山上玩儿! 我想去哪儿就去哪儿。
Xiǎoqīngwā: Búyào búyào! Wǒ yào qù shān shang wánr! Wǒ xiǎng qù nǎr jiù qù nǎr。

青蛙妈妈: 不行! 跟妈妈来 ~ 呱呱 ~
Qīngwāmāma: Bùxíng! Gēn māma lái~ guāguā~

小青蛙: 呱呱 ~
Xiǎoqīngwā: guǎguǎ ~

엄마 청개구리: 얘야, 오늘은 집 좀 보렴.
아기 청개구리: 싫어 싫어! 오늘 밖에 가서 놀거야.
엄마 청개구리: 산에 가면 뱀이 많으니깐 물가에 가서 놀렴.
아기 청개구리: 싫어 싫어! 산에서 놀거야!
내가 가고 싶은 데 갈 거야.
엄마 청개구리: 그러지 말고 엄마 따라 해보렴,
개굴개굴~
아기 청개구리: 굴개굴개~

Track 24

아들 청개구리는 엄마 말을 거꾸로 흉내 내며 달아나 버렸어요.

**青蛙妈妈:** 啧啧，谁家的孩子这样淘气？
Qīngwāmāma: Zézé, shéi jiā de háizi zhèyàng táoqì,
完全不听我的话。唉…
wánquán bù tīng wǒ de huà。Ài…

그럴 때 마다 엄마 청개구리는 마음이 아팠어요.
그러던 어느 날..

**青蛙妈妈:** 儿子，你过来坐一下吧。
Qīngwāmāma: Érzi, nǐ guòlái zuò yíxià ba。

**小青蛙:** 为什么？
Xiǎoqīngwā: Wèishénme?

**青蛙妈妈:** 我身体不舒服，可能快要死了。
Qīngwāmāma: Wǒ shēntǐ bù shūfu, kěnéng kuàiyào sǐ le。
如果我死了的话，不要把我埋到山上，埋在溪边吧！
Rúgǔo wǒ sǐ le de huà, búyào bǎ wǒ mái dào shān shang, mái zài xī biān ba!

엄마 청개구리: 쯧쯧, 어느 집 애가 이리 반대로만 할까?
통 내말을 듣지 않으니. 아휴....
엄마 청개구리: 아들아, 잠깐 이리 와서 앉아보렴.
아기 청개구리: 왜요?
엄마 청개구리: 내가 몸이 아파서 곧 죽을 것 같구나.
내가 죽거든 산에 묻지 말고 냇가에 묻어다오!

# 课文 3

Track 25

엄마 청개구리는 그렇게 말하면 아들이 산에 묻을 거라고 생각하며 숨을 거두었어요.

小青蛙: 呜呜, 妈妈, 我错了, 我以后会听话的, 原谅我吧!
Xiǎoqīngwā: Wū wū, māma, wǒ cuò le, wǒ yǐhòu huì tīnghuà de, yuánliàng wǒ ba!

돌아가신 엄마 청개구리를 보며 아기 청개구리는 후회했어요.

小青蛙: 我一次也没有听过妈妈的话, 这次我一定会听你的。
Xiǎoqīngwā: Wǒ yícì yě méiyǒu tīng guo māma de huà, Zhècì wǒ yídìng huì tīng nǐ de.

아기 청개구리: 으아앙. 엄마! 잘못했어요.
이제는 말 잘 들을게요.
용서해주세요!

아기 청개구리: 단 한 번도 엄마 말씀 들은 적이 없어요.
이번 만큼은 반드시 엄마 말을 들을게요.

Track 26

아기 청개구리는 울면서 엄마를 냇가에 묻었어요.

小青蛙: 妈妈还活着，我会好好听妈妈的话。
Xiǎoqīngwā: Māma hái huózhe, wǒ huì hǎohāo tīng māma de huà。

그래서 청개구리는 비만 오면 엄마 무덤이 떠내려갈까 봐
지금도 개굴개굴 슬피 울고 있답니다.

小青蛙: 呱呱 ~
Xiǎoqīngwā: guāguā~

아기 청개구리: 살아 계시면 엄마 말씀 잘 들을텐데...
아기 청개구리: 개굴개굴~

## 替换练习 문장 연습해요

Track 27

### 1

| | | | |
|---|---|---|---|
| 启启 Qǐqi | 想 xiǎng | 学 xué | 汉语。Hànyǔ。 |
| 明明 Míngming | | 去 qù | 中国。Zhōngguó。 |
| 丽丽 Lìli | | 看 kàn | 童话书。tónghuàshū。 |

### 2

| | | | |
|---|---|---|---|
| 丽丽 Lìli | 快要 kuàiyào | 走 zǒu | 了。le。 |
| 奶奶 Nǎinai | | 睡觉 shuìjiào | |
| 爷爷 Yéye | | 来 lái | |

Track 28

1 shé

2 tīng

3 shān

## 写汉字 한자를 써 봐요

Track 29

# 雨

yǔ

비

| 雨 | 雨 | 雨 | 雨 | 雨 |
|---|---|---|---|---|
| yǔ | | | | |

一 丆 丙 帀 帀 雨 雨 雨

| 雨 | 雨 | 雨 | | | | |
|---|---|---|---|---|---|---|
| | | | | | | |

Track 30

1 본문내용과 일치하는 그림에 동그라미 하세요.

2 두 개의 그림 가운데 다른 3곳을 찾아서 동그라미 하세요.

치치·밍밍과 함께하는

# 중국어 배우기

Track 31

# 4과 金斧子和银斧子的故事
## 금도끼 은도끼

# 学生词

Track 32

金斧子 jīnfǔzi

금도끼

银斧子 yínfǔzi

은도끼

糟 zāo

큰일이다

掉 diào

떨어지다

突然 tūrán

갑자기

## 단어를 공부해요

善良 shànliáng
착하다, 선량하다

男孩 nánhái
남자아이

怎么办 zěnmebàn
어떡해

干活儿 gànhuór
일하다

担心 dānxīn
걱정하다

## 课文 1

Track 33

아주 먼 옛날, 가난한 나무꾼이 산에 나무를 하러 갔어요.
그런데 실수로 그만 도끼를 연못 속에 빠트리고 말았어요.

小男孩: 糟了, 这怎么办?
Xiǎonánhái: Zāo le, zhè zěnme bàn?

我的斧子掉进河里了! 没有斧子, 不能干活怎么办呢!
Wǒ de fǔzi diàojìn hé lǐ le! Méiyǒu fǔzi, bùnéng gànhuó zěnme bàn ne!

이때 산신령이 나타났어요.

老爷爷: 孩子, 你为什么哭呢?
Lǎoyéye: Háizi, nǐ wèishénme kū ne?

小男孩: 老爷爷, 我不小心把斧子掉进河里了, 怎么办呢?
Xiǎonánhái: Lǎoyéye, wǒ bù xiǎoxīn bǎ fǔzi diàojìn hé lǐ le, zěnme bàn ne?

老爷爷: 你别担心。
Lǎoyéye: Nǐ bié dānxīn。

나무꾼: 큰일 났네, 이를 어떡하지? 도끼가 연못 속에 빠졌네.
도끼가 없으면 일을 할 수 없는데 어떻게 하지!
신령님: 얘야, 너는 왜 울고 있느냐?
나무꾼: 신령님 제가 실수로 도끼를 연못에 빠트렸어요.
어떻게 하지요?
신령님: 걱정 말아라.

Track 34

신령님은 갑자기 연못 속으로 사라 졌어요. 잠시 뒤 신령님은 연못 속에서 도끼를 가지고 나타났어요.

老爷爷: 这金斧子是你的吗?
Lǎoyéye: Zhè jīnfǔzi shì nǐde ma?

小男孩: 不, 那金斧子不是我的。
Xiǎonánhái: Bù, nà jīnfǔzi búshi wǒde.

老爷爷: 那么这银斧子是你的吗?
Lǎoyéye: Nàme zhè yínfǔzi shì nǐde ma?

小男孩: 不, 那银斧子也不是我的。
Xiǎonánhái: Bù, nà yínfǔzi yě búshi wǒde.

신령님: 이 금도끼가 네 도끼냐?
나무꾼: 아닙니다, 그 금도끼는 제 것이 아닙니다.

신령님: 그럼 이 은도끼가 네 도끼냐?
나무꾼: 아닙니다, 그 은도끼도 제 것이 아닙니다.

## 课文 3

Track 35

신령님은 또 다시 연못 속으로 사라 졌어요.

小男孩: 怎么回事? 老爷爷突然不见了。我还要找斧子呢。
Xiǎonánhái: Zěnme huí shì? Lǎoyéye tūrán bújiàn le。 wǒ hái yào zhǎo fǔzi ne。

잠시 뒤 신령님이 나타나셨어요.

老爷爷: 这铁斧子是你的斧子吗?
Lǎoyéye: Zhè tiěfǔzi shì nǐ de fǔzi ma?

小男孩: 是的, 那铁斧子是我的。老爷爷, 多谢多谢!
Xiǎonánhái: Shìde, nà tiěfǔzi shì wǒde。 Lǎoyéye, duōxiè duōxiè!

나무꾼: 이를 어쩌나? 신령님이 사라지셨네.
내 도끼를 찾아야 하는데.
신령님: 이 쇠도끼가 너의 도끼냐?
나무꾼: 그렇습니다. 그 쇠도끼가 제 것입니다.
신령님, 감사합니다! 감사합니다!

## 课文 4

Track 36

신령님은 거짓말 하지 않고 욕심도 내지 않는 나무꾼이 너무 기특했어요.

老爷爷: 你的心真善良。你没要金斧子和银斧子, 只要铁斧子。你是个好孩子。
Lǎoyéye: Nǐ de xīn zhēn shànliáng。Nǐ méi yào jīnfǔzi hé yínfǔzi, zhǐ yào tiěfǔzi。Nǐ shì gè hǎo háizi。

小男孩: 哪里哪里, 我只说要我的铁斧子而已。
Xiǎonánhái: Nǎli nǎli, wǒ zhǐ shuō yào wǒ de tiěfǔzi éryǐ。

老爷爷: 你是个心地善良的孩子, 我把这三只斧子都送给你。
Lǎoyéye: Nǐ shì gè xīndì shànliáng de háizi, wǒ bǎ zhè sān zhī fǔzi dōu sòng gěi nǐ。

小男孩: 您说真的吗? 老爷爷, 谢谢您!
Xiǎonánhái: Nín shuō zhēnde ma? Lǎoyéye, xièxie nín!

나무꾼은 신령님이 주신 도끼로 행복하게 열심히 일하며 잘 살았답니다.

신령님: 참으로 착하구나, 욕심도 내지 않고
정식하게 자기 것을 말하다니 참으로 착해.
나무꾼: 아닙니다. 저는 제 것을 말했을 뿐입니다.

신령님: 너는 착한 아이구나.
이 세 자루의 도끼를 모두 너에게 주겠다.
나무꾼: 정말이십니까? 신령님, 감사합니다!

# 替换练习 문장 연습해요

Track 37

1

| | | |
|---|---|---|
| 启启<br>Qǐqi | 不是<br>búshì | 学生。<br>xuésheng。 |
| 爸爸<br>Bàba | | 老师。<br>lǎoshī。 |
| 明明<br>Míngming | | 五岁。<br>wǔsuì。 |

2

| | | |
|---|---|---|
| 这本书<br>Zhè běn shū | 是<br>shì | 谁的?<br>shéi de? |
| 那只斧子<br>Nà zhī fǔzi | | |
| 这件衣服<br>Zhè jiàn yīfu | | |

## 听和说 듣고 말해요

Track 38

1 jiàn

2 sòng

3 zěnme

Track 39

# 心

xīn

마음

| 心 | 心 | 心 | 心 | |
|---|---|---|---|---|
| xīn | | | | |

# 看图 그림을 보고 찾아봐요

Track 40

1 본문내용과 일치하는 그림에 동그라미 하세요.

2 두 개의 그림 가운데 다른 3곳을 찾아서 동그라미 하세요.

치치·밍밍과 함께하는

# 중국어 배우기

Track 41

# 5과 太阳和月亮
# 해님과 달님이 된 오누이

## 学生词

Track 42

饿 è

배고프다

带 dài

가지다, 휴대하다

糕点 gāodiǎn

떡

等 děng

기다리다

正好 zhènghǎo

마침

## 단어를 공부해요

开门 kāimén

문 열다

变成 biànchéng

변하다

涂 tú

칠하다

回来 huílai

돌아오다

香油 xiāngyóu

참기름

## 课文 1

Track 43

옛날 옛날에 어느 깊은 산 속에 가난하지만 어머니와 행복하게 사는 오누이가 있었어요. 어느 날 어머니는 잔칫집에 일하러 가셨고, 오누이는 집에서 기다리고 있었어요.

哥哥: 妈妈为什么还没回来?
Gēge: Māma wèishéme hái méi huílai?

妹妹: 哥哥, 我饿了。
Mèimei: Gēge, wǒ è le。

哥哥: 一会儿妈妈带着很好吃的糕点回来, 等等吧。
Gēge: Yíhuìr māma dài zhe hěn hǎochī de gāodiǎn húilai, děngdeng ba。

오빠: 어머니가 왜 아직 안 돌아오시지?
여동생: 오빠, 나 배고파.
오빠: 조금만 기다려, 어머니가 맛있는 떡을 가지고 오실거야.

# 课文 2

Track 44

어머니는 집에서 기다릴 오누이를 생각하며,
걸음을 재촉하며 집으로 가는 길에 호랑이를 만났어요.

老虎: 嗯哼！ 肚子好饿啊！
Lǎohǔ: Énghēng! Dùzi hǎo è a!

正好碰到你，给我一块糕点我就不吃你。
Zhènghǎo pèng dào nǐ, gěi wǒ yí kuài gāodiǎn wǒ jiù bù chī nǐ.

妈妈: 不行，这是给孩子们的。
Māma: Bùxíng, zhè shì gěi háizimen de.

老虎: 快给我！
Lǎohǔ: Kuài gěi wǒ!

호랑이: 어흥! 배고픈데 마침 잘 만났다.
떡 하나 주면 안 잡아먹지!

어머니: 안돼! 이건 우리 아이들에게 줄 떡이라고.
호랑이: 빨리 줘!

## 课文 3

Track 45

호랑이는 오누이까지 잡아먹으려고 어머니의 옷을 입고 외딴집을 찾아 갔어요.

老虎: 孩子们，妈妈回来了，快开门啊!
Lǎohǔ: Háizimen, māma huílai le, kuài kāi mén a!

哥哥: 这不是妈妈的声音，给我们看看你的手吧。
Gēge: Zhè bú shì māma de shēngyīn, gěi wǒmen kànkan nǐ de shǒu ba。

방안으로 쑥 디밀어진 손은 털이 나있고, 손톱도 삐쭉삐쭉 돋아나 있었어요.

哥哥: 这不是妈妈的手。
Gēge: Zhè bú shì māma de shǒu。

老虎: 干了很多活，所以变成这个样子了。
Lǎohǔ: Gàn le hěn duō huó, suǒyǐ biànchéng zhège yàngzi le。

哥哥: 不! 啊, 是老虎啊。
Gēge: Bù! A, shì lǎohǔ a。

밖에 있는 것은 엄마의 옷을 입은 호랑이였어요.
오누이는 부엌으로 나가 뒤뜰로 도망 쳤어요.

호랑이: 얘들아, 엄마가 돌아왔어, 얼른 문 열어 주렴!
오빠: 우리 엄마 목소리가 아닌데, 손을 잠깐 보여줘요.
오빠: 이건 우리엄마 손이 아니야.
호랑이: 일을 너무 많이 해서 이렇게 변했단다.
오빠: 아니야! 아. 이건 호랑이야.

## 课文 4

Track 46

오누이는 뒤뜰에 있는 커다란 나무 위로 올라갔어요.
호랑이는 집 주위를 빙빙 돌며 오누이를 찾다가 우물가로 왔어요.
호랑이는 우물을 들여다 보았어요.
호랑이는 우물에 비친 오누이에게 어떻게 우물에 들어갔냐고 묻자
여동생이 나무에서 소리쳤어요.

妹妹: 哥哥，我怕。
Mèimei: Gēge, wǒ pà。

그제야 나무 위쪽을 본 호랑이는

老虎: 爬到树上去了？你们怎么上去的？
Lǎohǔ: Pá dào shù shang qù le? Nǐmen zěnme shàngqu de?

哥哥: 我们是涂了香油上来的。
Gēge: Wǒmen shì tú le xiāngyóu shànglai de。

妹妹: 哈哈！笨蛋！用斧子砍着树就可以上来。
Mèimei: Hāha! Bèndàn! Yòng fǔzi kǎn zhe shù jiù kěyǐ shànglai。

호랑이는 나무를 쿵쿵 찍으며 올라왔어요. 호랑이를 보고서 놀란 오누이는 나무로 도망쳤고, 호랑이가 따라오자 오누이는 하느님께 살려달라고 간절히 기도했어요.

哥哥，妹妹: 老天救救我们吧！
Gēge, Mèimei: Lǎotiān, jiùjiu wǒmen ba!

오누이의 간절한 기도에 감동한 하늘에서 동아줄이 내려왔어요.
오누이는 밧줄을 타고 하늘로 올라가 각각 해와 달이 되었답니다.

여동생: 오빠 무서워.
호랑이: 나무로 올라갔어? 너희들 어떻게 올라 간거니?
오빠: 우리들은 참기름을 바르고 올라왔지.
여동생: 하하! 바보! 도끼로 나무를 찍으면 바로 올라올 수 있지.
오빠, 여동생: 하느님, 저희를 살려주세요!

## 替换练习 문장 연습해요

Track 47

1

妈妈 Māma

带 dài

糕点。 gāodiǎn。

面包。 miànbāo。

水。 shuǐ。

2

妈妈 Māma

孩子们 Háizimen

爸爸 Bàba

回来 huílai

了。 le。

Track 48

1 háizimen

2 shànglai

3 pá

Track 49

# 给

gěi

주다

| 给 | 给 | 给 | 给 | 给 |
| --- | --- | --- | --- | --- |
| gěi | | | | |

## 看圖 그림을 보고 찾아봐요

Track 50

**1** 본문내용과 일치하는 그림에 동그라미 하세요.

**2** 두 개의 그림 가운데 다른 3곳을 찾아서 동그라미 하세요.

## 치치·밍밍과 함께하는

# 중국어 배우기

Track 51

# 6과 狼和放羊少年
## 늑대와 양치기 소년

## 学生词

Track 52

快 kuài

빠르다

没意思 méiyìsi

재미없다

骗 piàn

속이다

整天 zhěngtiān

하루 종일, 온 종일

怕 pà

무섭다, 두렵다

## 단어를 공부해요

真 zhēn

정말

救命 jiùmìng

살려주다, 구하다

坏 huài

나쁘다

在一起 zàiyìqǐ

함께

羊 yáng

양

## 课文 1

Track 53

어느 마을에 양치기 소년이 살았어요.
아침에 해가 뜨면 양을 끌고 산으로 갔다가 저녁이 되면 내려 왔어요.

少年: 我一整天跟羊在一起, 真没意思!
Shàonián: Wǒ yìzhěngtiān gēn yáng zài yìqǐ, zhēn méi yìsi!

羊群: 咩~ 咩~。
Yángqún: Miē~ miē~。

심심해진 소년은 마을 사람들에게 늑대가 나타났다고 거짓말을 하고 싶어 졌어요.
왜냐하면 늑대가 양을 잡아먹지 못하게 마을 사람들이 허둥지둥 산으로 올라오기 때문이에요.

少年: 狼来了~ 狼来了~。
Shàonián: Láng lái le ~ Láng lái le ~。

村民: 什么? 狼来了? 我们快去山上吧。
Cūnmín: Shénme? Láng lái le? Wǒmen kuài qù shān shàng ba。
不要怕, 孩子! 我们来救你!
búyào pà, háizi! Wǒmen lái jiù nǐ!

소년: 나는 하루 종일 양과 함께 있네, 정말 재미없어!
양떼: 음메 ~ 음메 ~
소년: 늑대가 나타났어요!
마을사람들: 뭐? 늑대가 나타났다고?
우리 빨리 산으로 올라갑시다.
아이야! 무서워마라 우리가 널 구해줄게!

## 课文 2

Track 54

마을 사람들이 모두 산으로 다급하게 올라와 보니, 양치기 소년의 거짓말 이었어요.
마을 사람들은 놀란 가슴을 쓸어내리며 마을로 다시 내려갔어요.
다음 날, 소년은 다시 산으로 올라 왔어요.

少年: 今天真没意思，我再骗他们一下。
Shàonián: Jīntiān zhēn méi yìsi, wǒ zài piàn tāmen yíxià。
狼来了~狼来了~狼真的来了~救命啊~
Láng lái le~ Láng lái le~ Láng zhēnde lái le~ Jiùmìng a~

村民: 什么? 狼又来了? 这应该是真的吧? 赶快去山上吧!
Cūnmín: Shénme? Láng yòu lái le? Zhè yīnggāi shì zhēnde ba? Gǎnkuài qù shān shàng ba!

소년: 아~ 오늘도 심심한데 또 거짓말을 해볼까?
늑대다~ 늑대가 나타났다. 늑대다~ 이번에는
진짜 늑대가 나타났어요. 살려주세요.

마을사람들: 뭐라고? 늑대라고? 이번에는 진짜겠죠?
빨리 산으로 갑시다!

# 课文 3

Track 55

마을 사람들은 일을 하다 또 놀라서 산으로 올라갔어요.

村民: 在哪儿啊? 在哪儿?
Cūnmín: Zài nǎr a? Zài nǎr?

그러나, 이번에도 소년의 거짓말임을 알고, 마을 사람 모두 화를 내며 마을로 내려갔어요.

村民: 这个坏孩子! 因为你, 我们活也不能干,
Cūnmín: Zhè gè huàiháizi! Yīnwèi nǐ, wǒmen huó yě bùnéng gàn,

下次你说什么, 我们都不信了。
xiàcì nǐ shuō shénme, wǒmen dōu búxìn le。

少年: 哦, 对不起! 我不是想骗你们, 只是开玩笑。
Shàonián: O, duìbuqǐ! Wǒ búshì xiǎng piàn nǐme, zhǐshì kāi wánxiào。

마을사람들: 어디? 늑대가 어디 있어?
마을사람들: 이런, 나쁜 녀석! 너 때문에 일도 못했다.
다음에 네가 뭐라고 말하든 우린 널 믿지 않아.

소년: 아, 죄송해요! 여러분들을 속이려고 한 것이 아니라,
그냥 장난으로 그랬어요.

Track 56

또 하루가 지나 산으로 올라온 소년은 나무그늘아래에서 쉬고 있는데 어디선가 늑대의 소리가 났어요. 이번에는 정말 늑대가 나타났어요.

少年: 狼来了~ 狼来了~ 狼真的来了~ 狼真的来了~
Shàonián: Láng lái le ~ Láng lái le ~ Láng zhēnde lái le ~ Láng zhēnde lái le ~

救命啊~救命啊~
Jiùmìng a ~ Jiùmìng a ~

村民: 又要骗我们。你说什么我们再也不信了。
Cūnmín: Yòu yào piàn wǒmen。Nǐ shuō shénme wǒmen zài yě búxìn le。

别听他的。
Bié tīng tā de。

少年: 狼来了~ 狼来了~ 狼真的来了~ 狼真的来了~
Shàonián: Láng lái le ~ Láng lái le ~ Láng zhēnde lái le ~ Láng zhēnde lái le~

救命啊~救命啊~
Jiùmìng a ~ Jiùmìng a ~

하지만 거짓말 소년의 말을 들어주는 사람은 아무도 없었어요.
소년은 후회하며 다시는 거짓말을 하지 않겠다고 뉘우쳤답니다.

소년: 늑대다~늑대가 나타났다.
이번에는 진짜 늑대가 나타났어요. 살려주세요.
마을사람들: 이번에 또 거짓말 하는군, 다시는 속지 않아.
소년: 늑대다~늑대가 나타났다.
진짜 늑대가 나타났어요. 살려주세요.

# 替换练习 문장 연습해요

Track 57

1

狼
Láng

老师
Lǎoshī

爷爷
Yéye

在
zài

哪儿?
nǎr?

2

你
Nǐ

启启
Qǐqi

孩子
Háizi

不要
búyào

骗人。
piànrén。

睡觉。
shuìjiào。

哭。
kū。

Track 58

1 fàngyáng

2 zuòshì

3 láng lái le

Track 59

# 怕

pà

무섭다

丨 丨丨 忄 忄′ 忄′ 怕 怕 怕

| 怕 | 怕 | 怕 | 怕 | 怕 |
| --- | --- | --- | --- | --- |
| pà | | | | |

| 怕 | 怕 | 怕 | | | | |
| --- | --- | --- | --- | --- | --- | --- |
| | | | | | | |

# 看图 그림을 보고 찾아봐요

Track 60

1 본문내용과 일치하는 그림에 동그라미 하세요.

2 두 개의 그림 가운데 다른 3곳을 찾아서 동그라미 하세요.

치치·밍밍과 함께하는

# 중국어 배우기

Track 61

# 7과 三只小猪盖房子
## 아기돼지 삼형제

## 学生词

Track 62

猪 zhū
돼지

干草 gāncǎo
마른풀

盖 gài
짓다

房子 fángzi
집

木头 mùtou
나무

## 단어를 공부해요

砖头 zhuāntóu
벽돌

结实 jiēshi
튼튼하다

胖乎乎 pànghūhū
통통하다

倒 dǎo
넘어지다, 무너지다

住 zhù
살다

## 课文 1

Track 63

사이좋은 돼지 삼형제 가운데 첫째는 낮잠만 자고 먹보 둘째는 먹기만 하고,
막내는 항상 부지런 했어요.
각자 집을 짓기로 했는데, 첫째 돼지는 골짜기 아래 짚으로 집을 대충 지었어요.

猪老大: 我用干草盖房子。我盖房子最快!
Zhūlǎodà: Wǒ yòng gāncáo gài fángzi. Wǒ gài fángzi zuì kuài!

猪老二: 我盖的房子最漂亮。
Zhūlǎo'èr: Wǒ gài de fángzi zuì piàoliang.

猪老大: 是吗? 你盖吧。我去休息休息。
Zhūlǎodà: Shìma? Nǐ gài ba. Wǒ qù xiūxi xiūxi.

첫째 돼지: 나는 마른풀로 집을 지었어.
내가 제일 먼저 지었지!

둘째 돼지: 내가 제일 멋진 집을 지을거야.
첫째 돼지: 그래? 한번 해보렴. 나는 이제 쉬러 가야겠어.

## 课文 2

Track 64

둘째 돼지는 산중턱까지 올라가 나무로 집을 지었어요.
막내 돼지도 집을 짓기 위해서 열심히 일하고 있었어요.

猪老二: 我用木头盖房子。我盖的房子最结实。
Zhūlǎo'èr: Wǒ yòng mùtou gài fángzi. Wǒ gài de fángzi zuì jiēshi.

猪老三: 哥哥, 我用砖头盖房子。
Zhūlǎosān: Gēge, wǒ yòng zhuāntóu gài fángzi.

猪老二: 好吧! 我去玩儿。
Zhūlǎo'èr: Hǎoba! wǒ qù wánr.

둘째 돼지: 나는 나무로 집을 지었어.
내가 만든 집이 제일 튼튼해.

막내 돼지: 형, 나는 벽돌로 집을 지을거야.
둘째 돼지: 그래! 나는 놀러 가야지.

## 课文 3

Track 65

막내 돼지는 땀을 뻘뻘 흘리며, 벽돌을 산꼭대기 까지 날라 열심히 집을 지었어요.
지을 땐 힘들었지만, 짓고 나니 아주 튼튼한 집이 되었어요.

猪老三: 终于盖好房子了。有这么结实的房子狼来了也没关系。
Zhūlǎosān: Zhōngyú gài hǎo fángzi le。 Yǒu zhème jiēshi de fángzi láng lái le yě méiguānxi。

이때 마침 늑대가 첫째 돼지 집에 나타났어요.
첫째 돼지는 늑대를 피하기 위해 집으로 들어갔어요.
그러나 늑대가 "후 ~ ~" 하고 불자 첫째 돼지 집은 날아가 버렸어요.

狼: 这胖乎乎的猪肯定很好吃。
Láng: Zhè pànghūhū de zhū kěndìng hěn hǎo chī。

猪老大: 哎呀! 怎么办? 快跑到老二家去。
Zhūlǎodà: Àiyā! Zěnmebàn? Kuài pǎodào lǎo'èr jiā qù。

막내 돼지: 우와 드디어 끝났다. 이렇게 튼튼한 집이 있어서 늑대가 와도 안심이야.

늑대: 이렇게 통통하게 생긴 돼지는 아주 맛있을 거야.
첫째 돼지: 어! 어떡하지? 빨리 둘째 집으로 도망가야겠어.

# 课文 4

Track 66

늑대는 둘째 집으로 뒤쫓아 왔어요.
통나무로 만들어진 집을 본 늑대는 말했어요.

狼: 木头盖的房子很容易倒。
Láng: Mùtou gài de fángzi hěn róngyì dǎo.

猪老大, 猪老二: 糟糕! 快去老三家!
Zhūlǎodà, Zhūlǎo'èr: Zāogāo! Kuài qù lǎosān jiā!

늑대는 또 뒤따라 왔어요.

狼: 哈哈哈! 三只猪都来了, 正好让我吃个饱!
Láng: Hāhaha! Sān zhī zhū dōu lái le, zhènghǎo ràng wǒ chī ge bǎo!

하지만 튼튼한 벽돌집은 쉽게 부서지지 않고 오히려 늑대만 다쳐서 도망갔어요.

猪老三: 现在没事了, 我们三兄弟以后可以幸福地住在一起了。
Zhūlǎosān: Xiànzài méishì le, wǒmen sān xiōngdì yǐhòu kěyǐ xìngfú de zhù zài yìqǐ le.

돼지 삼형제는 행복하게 잘 살았답니다.

늑대: 이까짓 통나무 집 쯤이야 쉽게 부술 수 있어.
첫째 둘째 돼지: 이런! 큰일 났네, 얼른 막내 집으로 도망가자!
늑대: 하하하! 삼형제를 한꺼번에 잡아먹을 수 있겠는걸!
막내 돼지: 이제 괜찮아, 우리 여기서 삼형제 행복하게 살자.

# 替换练习 문장 연습해요

Track 67

1

用 Yòng

干草 gāncǎo

木头 mùtou

砖头 zhuāntóu

盖房子。gài fángzi。

2

盖 Gài

吃 Chī

看 Kàn

好了。hǎo le。

Track 68

1 xiǎo zhū

2 róngyì

3 chī ge bǎo

# 写汉字 한자를 써 봐요

Track 69

盖
gài
짓다

| 盖 | 盖 | 盖 | 盖 | 盖 |
|---|---|---|---|---|
| gài | | | | |

丶 丷 䒑 丷 半 羊 羊 善 盖 盖 盖

| 盖 | 盖 | 盖 | 盖 | 盖 | 盖 | |
|---|---|---|---|---|---|---|
| | | | | | | |

# 看图 그림을 보고 찾아봐요

Track 70

**1** 본문내용과 일치하는 그림에 동그라미 하세요.

**2** 두 개의 그림 가운데 다른 3곳을 찾아서 동그라미 하세요.

치치·밍밍과 함께하는

# 중국어 배우기

Track 71

# 8과 仙女和樵夫
## 선녀와 나무꾼

## 学生词

Track 72

仙女 xiānnǚ
선녀

樵夫 qiáofū
나무꾼

鹿 lù
사슴

追 zhuī
쫓다

猎人 lièrén
사냥꾼

## 단어를 공부해요

向 xiàng

~쪽으로

拿走 ná zǒu

가져가다

偷 tōu

훔치다

想念 xiǎngniàn

그리워하다

天宫 tiāngōng

하늘궁전

## 课文 1

Track 73

옛날옛날 착한 나무꾼이 있었어요.
어느 날 나무꾼이 산에서 나무를 베고 있는데 사슴 한 마리가 다급하게 달려왔어요.

鹿: 救命啊! 猎人在追我，求您救救我吧!
Lù: Jiùmìng a! Lièrén zài zhuī wǒ, qiú nín jiùjiù wǒ ba!

樵夫: 是吗? 那快到这里来吧。
Qiáofū: Shìma? Nà kuài dào zhèli lái ba。

나무꾼은 사슴을 나무 사이로 숨겨 주었어요.
곧 사냥꾼이 달려와서 나무꾼에게 물었어요.

猎人: 刚才有没有看到一只鹿? 明明是向这边跑过来了。
Lièrén: Gāngcái yǒuméiyǒu kàndào yì zhī lù? Míngmíng shì xiàng zhè biān pǎo guòlái le。

樵夫: 啊~ 鹿向那边跑了。
Qiáofū: À ~ lù xiàng nàbiān pǎo le。

猎人: 谢谢了。
Lièrén: Xièxiè le。

사슴: 살려 주세요! 사냥꾼이 저를 쫓아 와요, 부탁이에요!
나무꾼: 그래? 그럼 어서 여기로 오렴.
사냥꾼: 방금 사슴 한 마리 못 봤소? 분명히 이리로 달려 왔는데...
나무꾼: 아~ 사슴이요? 저쪽으로 달려갔어요.
사냥꾼: 고맙소.

## 课文 2

Track 74

나무꾼 덕분에 목숨을 건진 사슴은 나무꾼에게 연못에 가면 하늘나라에서 선녀들이 내려와 목욕을 한다는 비밀 하나를 알려 주었어요.

**鹿:** 如果能拿走仙女的衣服，那个仙女就不能回天上了。
Lù: Rǔguǒ néng názǒu xiānnǚ de yīfu, Nà gè xiānnǚ jiù bùnéng huí tiān shàng le。

**樵夫:** 是吗？
Qiáofū: Shìma?

**鹿:** 但是要记住，以后永远不能把衣服还给仙女。
Lù: Dànshì yào jìzhù, yǐhòu yǒngyuǎn bùnéng bǎ yīfu huángěi xiānnǚ。

사슴으로부터 전해들은 나무꾼은 연못으로 가 보았어요.
그 연못에는 선녀들이 즐겁게 목욕을 하고 있었어요.

**樵夫:** 原来鹿说的都是真的。我得赶快拿走一件。
Qiáofū: Yuánlái lù shuōde dōushì zhēnde。 Wǒ děi gǎnkuài názǒu yíjiàn。

사슴: 선녀들이 목욕할 때 벗어 놓은 선녀복을 훔치면 그 선녀는 하늘로 날아가지 못해요.
나무꾼: 정말?
사슴: 그 대신 절대로 선녀에게 다시 돌려주면 안 된다는 걸 꼭 기억해요.
나무꾼: 사슴이 한 말이 정말이네...
어서 선녀복 하나를 숨겨야겠어!

# 课文 3

Track 75

결국 선녀복을 잃어버린 선녀는 언니들과 함께 하늘궁전으로 올라가지 못했어요.
갈 곳 없는 선녀는 나무꾼과 결혼을 해서 아이 3명을 낳았어요.

仙女: 虽然每天跟你和孩子们在一起很开心，
Xiānnǚ: Suīrán měitiān gēn nǐ hé háizimen zài yìqǐ hěn kāixīn,

但是我还是想念天宫。
dànshì wǒ háishì xiǎngniàn tiāngōng。

樵夫: 好，那么你看这个。
Qiáofū: Hǎo, nàme nǐ kàn zhège。

하며, 나무꾼은 선녀에게 선녀복을 잠시 보여 주었어요.
그러자 선녀는 선녀복을 입고 아이들을 데리고 하늘궁전으로 가 버렸어요.

仙女: 我带孩子们回天宫了，再见，老公！
Xiānǚ: Wǒ dài háizimen huí tiāngōng le, zàijiàn, lǎogōng!

樵夫: 啊！你们去哪儿？你们回来呀！快回来！
Qiáofū: À! Nǐmen qù nǎr? Nǐmen huílai ya! kuài huílai!

혼자된 나무꾼은 매일 매일 가족을 그리워했어요.
그 모습을 본 선녀가 하늘나라에서 물통을 내려 나무꾼을 하늘로 데려와 함께 살았어요.

선녀: 당신과 아이와 함께 해서 기쁘지만
전 언제나 하늘궁전이 그리워요.
나무꾼: 알았소, 그럼 이것을 잠시 보시겠소?

선녀: 아이들을 데리고 하늘궁전으로 돌아 가겠어요.
잘 있어요, 여보!
나무꾼: 아! 어디 가는거요? 돌아와요 어서 돌아와요!

## 课文 4

Track 76

그렇지만 하늘궁전으로 온 나무꾼은 항상 집에 홀로 계신 어머니 생각에 슬펐어요.

樵夫: 不知道母亲过得怎么样…
Qiáofū: Bù zhīdào mǔqīn guò de zěnmeyàng

仙女: 如果那么想念母亲, 就骑着这匹马去看看她吧。
Xiānnǚ: Rúguǒ nàme xiǎniàn mǔqīn, jiù qí zhe zhè pǐ mǎ qù kànkan tā ba.
但千万不要从马上下来!
dàn qiānwàn búyào cóng mǎ shàng xiàlai!

나무꾼은 기뻐하며 땅으로 내려 왔어요.

母亲: 哎呀, 我的儿子啊… 我好想你啊。 快下来吃点儿饭吧。
Mǔqīn: Āiyā, wǒ de érzi a… Wǒ hǎo xiǎng nǐ a。 Kuài xiàlai chī diǎnr fàn ba。

樵夫: 不行啊母亲, 我不能下马。
Qiáofū: Bùxíng a mǔqīn, wǒ bùnéng xià mǎ.

어쩔수 없이 아들은 말에 탄 채로 죽 한 그릇을 받았지만 실수로 떨어뜨리고 말았어요,
놀란 말은 나무꾼을 떨어뜨리고 하늘궁전으로 올라가 버렸어요.
결국 나무꾼은 평생을 선녀와 아이들을 그리워하며 살았답니다.

나무꾼: 어머니는 잘 계시는지 모르겠네...
선녀: 그렇게 걱정이 되면 이 말을 타고 잠시 내려갔다 와요.
그렇지만 절대로 말에서 내리면 안돼요!
어머니: 아이고 아들아 너무 보고 싶었단다.
어서 내려와서 밥 한술 떠라.
나무꾼: 안 돼요 어머니, 전 말에서 내릴 수 없어요.

## 替换练习 문장 연습해요

Track 77

1

回 huí

家。 jiā。

天上。 tiānshàng。

天宫。 tiāngōng。

2

下 xià

车。 chē。

马。 mǎ。

飞机。 fēijī。

Track 78

1 jìzhù

2 zàiyìqǐ

3 qímǎ

Track 29

# 仙

xiān

신선

| 仙 | 仙 | 仙 | 仙 | 仙 |
| --- | --- | --- | --- | --- |
| xiān | | | | |

丿 亻 仆 仙 仙

# 看图 그림을 보고 찾아봐요

Track 30

## 1 본문내용과 일치하는 그림에 동그라미 하세요.

## 2 두 개의 그림 가운데 다른 3곳을 찾아서 동그라미 하세요.

치치·밍밍과 함께하는

# 중국어 배우기

# 해석 · 답안

## 1 과

### p.16 替换练习

1. 토끼는 아주 잘 잤어요.
   거북이는 느리게 달려요.
   선생님은 빨리 말해요.

2. 치치는 꼭(반드시) 수영을 배울 거예요.
   밍밍은 꼭(반드시) 수박을 먹을 거예요.
   우리는 반드시(꼭) 바닷가에 갈 거예요.

### p.19 看图

1

2

## 2 과

### p.28 替换练习

1. 겨울을 보낼 준비를 해요.
   학교 갈 준비를 해요.
   밥 먹을 준비를 해요.

2. 나와 너희
   나와 친구들
   나와 아이들

### p.31 看图

1

2

## 3과

### p.40 替换练习

1. 치치는 중국어를 공부하고 싶어요.
   밍밍은 중국을 가고 싶어요.
   리리는 동화책을 보고 싶어요.

2. 리리는 곧 갈거예요.
   할머니는 곧 주무실거예요.
   할아버지는 곧 오실거예요.

### p.43 看图

1

2

## 4과

### p.52 替换练习

1. 치치는 학생이 아니예요.
   아빠는 선생님이 아니세요.
   밍밍은 다섯 살이 아니예요.

2. 이 책은 누구 거예요?
   그 도끼는 누구 거예요?
   이 옷은 누구 거예요?

### p.55 看图

1

2

## 5과

### p.64 替换练习

1. 엄마가 떡을 가지고 있어요.
   엄마가 빵을 가지고 있어요.
   엄마가 물을 가지고 있어요.

2. 엄마가 돌아 왔어요.
   아이들이 돌아 왔어요.
   아빠가 돌아 왔어요.

### p.67 看图

1

2

## 6과

### p.76 替换练习

1. 늑대가 어디 있어요?
   선생님은 어디 있어요?
   할아버지는 어디 있어요?

2. 너는 사람을 속이지마.
   치치야 자지마.
   애야 울지마.

### p.79 看图

1

2

## 7과

### p.88 替换练习

1. 마른풀로 집을 지었어요.
   나무로 집을 지었어요.
   벽돌로 집을 지었어요.

2. 다 지었어요.
   다 먹었어요.
   다 봤어요

### p.91 看图

①

②

## 8과

### p.100 替换练习

1. 집으로 돌아가요.
   하늘로 돌아가요
   하늘궁전으로 돌아가요.

2. 차에서 내려요.
   말에서 내려요.
   비행기에서 내려요.

### p.103 看图

①

②

Memo

Memo

Memo

**치치·밍밍과 함께하는 중국어 배우기 4단계**

**지은이** 윤창준, 이선희, 김미성, 김아정, 이주현
**감 수** 유겸공
**삽 화** 로고펠리스
**펴낸이** 신일희
**펴낸곳** 계명대학교 출판부

**초판인쇄** 2011년 6월 20일
**초판발행** 2011년 6월 30일

**주 소** 704-701 대구시 달서구 신당동 1000번지
**전 화** 053) 580-6233
**팩 스** 053) 583-5213
**등 록** 1970. 9. 1.(신고번호 제347-1998-1호)



ISBN 978-89-7585-552-8 74720
ISBN 978-89-7585-554-2 74720(세트)

CD 포함
**정가 13,000원**

치치·밍밍과 함께하는 중국어 배우기

màn

치치·밍밍과 함께하는 중국어 배우기

wūguī

치치·밍밍과 함께하는 중국어 배우기

pǎo

치치·밍밍과 함께하는 중국어 배우기

kuài

치치·밍밍과 함께하는 중국어 배우기

乌龟

거북이

치치·밍밍과 함께하는 중국어 배우기

慢

느리다

치치·밍밍과 함께하는 중국어 배우기

快

빠르다

치치·밍밍과 함께하는 중국어 배우기

跑

달리다

치치·밍밍과 함께하는 중국어 배우기

xiǎoxīn

치치·밍밍과 함께하는 중국어 배우기

chūfā

치치·밍밍과 함께하는 중국어 배우기

mǎyǐ

치치·밍밍과 함께하는 중국어 배우기

yíng

치치·밍밍과 함께하는 중국어 배우기

出发

출발하다

치치·밍밍과 함께하는 중국어 배우기

小心

조심하다

치치·밍밍과 함께하는 중국어 배우기

赢

이기다

치치·밍밍과 함께하는 중국어 배우기

蚂蚁

개미

jìn

치치·밍밍과 함께하는 중국어 배우기

fǎngzhīniáng

치치·밍밍과 함께하는 중국어 배우기

rè

치치·밍밍과 함께하는 중국어 배우기

lěng

치치·밍밍과 함께하는 중국어 배우기

纺织娘

베짱이

치치·밍밍과 함께하는 중국어 배우기

进

들어오다

치치·밍밍과 함께하는 중국어 배우기

冷

춥다

치치·밍밍과 함께하는 중국어 배우기

热

덥다

치치·밍밍과 함께하는 중국어 배우기

qīngwā

치치·밍밍과 함께하는 중국어 배우기

nuǎnhuo

치치·밍밍과 함께하는 중국어 배우기

hé

치치·밍밍과 함께하는 중국어 배우기

shēntǐ

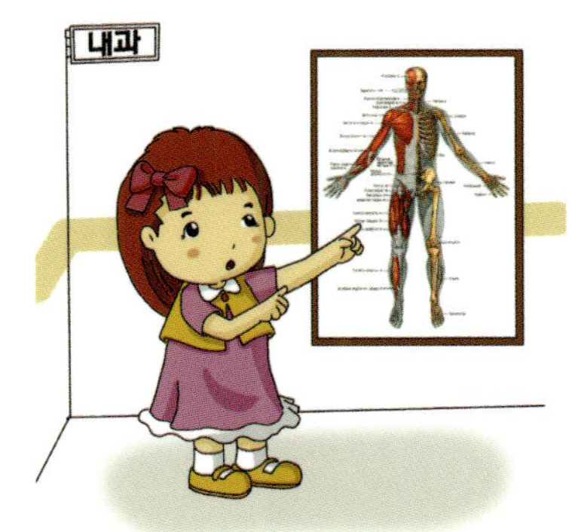

치치·밍밍과 함께하는 중국어 배우기

暖和

따뜻하다

치치·밍밍과 함께하는 중국어 배우기

青蛙

청개구리

치치·밍밍과 함께하는 중국어 배우기

身体

몸, 신체

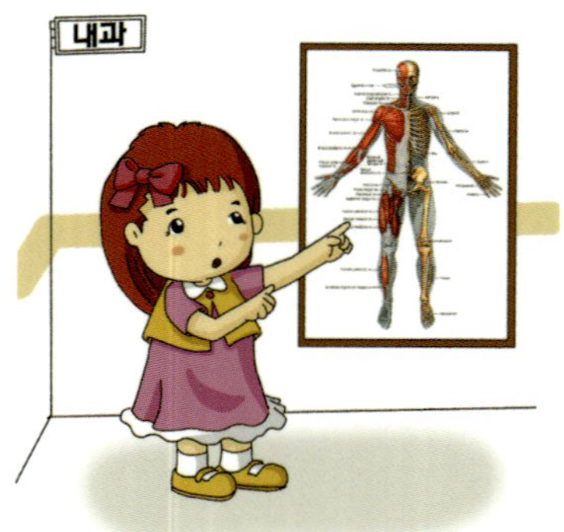


치치·밍밍과 함께하는 중국어 배우기

河

강

치치·밍밍과 함께하는 중국어 배우기

Jīnfǔzi

치치·밍밍과 함께하는 중국어 배우기

yuánliàng

치치·밍밍과 함께하는 중국어 배우기

shànliáng

치치·밍밍과 함께하는 중국어 배우기

yínfǔzi

原谅
용서하다

치치·밍밍과 함께하는 중국어 배우기

金斧子
금도끼

치치·밍밍과 함께하는 중국어 배우기

银斧子
은도끼

치치·밍밍과 함께하는 중국어 배우기

善良
착하다,
선량하다

치치·밍밍과 함께하는 중국어 배우기

zěnmebàn

치치·밍밍과 함께하는 중국어 배우기

nánhái

치치·밍밍과 함께하는 중국어 배우기

gāodiǎn

치치·밍밍과 함께하는 중국어 배우기

dānxīn

치치·밍밍과 함께하는 중국어 배우기

男孩

남자아이

치치·밍밍과 함께하는 중국어 배우기

怎么办

어떡해

치치·밍밍과 함께하는 중국어 배우기

担心

걱정하다

치치·밍밍과 함께하는 중국어 배우기

糕点

떡

치치·밍밍과 함께하는 중국어 배우기

kāimén

치치·밍밍과 함께하는 중국어 배우기

děng

치치·밍밍과 함께하는 중국어 배우기

huílai

치치·밍밍과 함께하는 중국어 배우기

biànchéng

치치·밍밍과 함께하는 중국어 배우기

等

기다리다

치치·밍밍과 함께하는 중국어 배우기

开门

문 열다

치치·밍밍과 함께하는 중국어 배우기

变成

변하다

치치·밍밍과 함께하는 중국어 배우기

回来

돌아오다

치치·밍밍과 함께하는 중국어 배우기

pà

치치·밍밍과 함께하는 중국어 배우기

méiyìsi

치치·밍밍과 함께하는 중국어 배우기

yáng

치치·밍밍과 함께하는 중국어 배우기

jiùmìng

치치·밍밍과 함께하는 중국어 배우기

没意思
재미없다

치치·밍밍과 함께하는 중국어 배우기

怕
무섭다,
두렵다

치치·밍밍과 함께하는 중국어 배우기

救命
살려주다,
구하다

치치·밍밍과 함께하는 중국어 배우기

羊
양

치치·밍밍과 함께하는 중국어 배우기

pànghūhū

치치·밍밍과 함께하는 중국어 배우기

zhū

치치·밍밍과 함께하는 중국어 배우기

zhù

치치·밍밍과 함께하는 중국어 배우기

dǎo

猪
돼지

치치·밍밍과 함께하는 중국어 배우기

胖乎乎
통통하다

치치·밍밍과 함께하는 중국어 배우기

倒
넘어지다,
무너지다

치치·밍밍과 함께하는 중국어 배우기

住
살다

치치·밍밍과 함께하는 중국어 배우기

qiáofū

치치·밍밍과 함께하는 중국어 배우기

xiānnǚ

치치·밍밍과 함께하는 중국어 배우기

tiāngōng

치치·밍밍과 함께하는 중국어 배우기

lù

仙女
선녀

치치·밍밍과 함께하는 중국어 배우기

樵夫
나무꾼

치치·밍밍과 함께하는 중국어 배우기

鹿
사슴

치치·밍밍과 함께하는 중국어 배우기

天宫
하늘궁전